Novena

SAN JOSÉ

Por Laila Pita

CORAZÓN
RENOVADO

UN POCO DE HISTORIA

San José, nació en Belén, hijo de Santiago y Santa Juana, venido de la estirpe de David, de profesión carpintero. José contrajo nupcias con María, mujer buena e inmaculada. Cuando José se entera que su esposa está embarazada, se llena de contradicciones y piensa en rechazarla en secreto, para evitar que el pueblo la apedreara. Ella confía su secreto a José y le relata cómo un ángel le informa que de su vientre nacerá el hijo de Dios engendrado por el Espíritu Santo. De esta manera se convence y acepta a María y se convierte en padre putativo de Jesús. José se dedica en cuerpo y alma a protegerlos y enseñarle al niño el oficio de carpintero. Herodes el Grande ordenó matar a todos los niños menores de dos años, José tomó al niño y a su esposa

2

para llevarlos a Nazaret. Se dice que el Santo murió cuando Jesús tenía sólo doce años y que subió al cielo en cuerpo y alma.

Se le llamó José porque significa: añadir, porque Dios deseaba que se le añadiera otro hijo para la obra que tenía dispuesta para salvar al mundo del pecado original.

MILAGRO

A finales del siglo XIX se construyó una iglesia en la ciudad de Santa Fe, Estado de Nuevo México, E.U. Cuando se avecinaban las fiestas patronales, descubrieron que no existía una escalera para subir a la parte superior. Desesperados oraron por nueve días a San José, seguros que escucharía sus ruegos. En el noveno día llegó un hombre ofreciendo sus servicios para construir la escalera, fue aceptado y la obra se realizó. Al terminar la escalera desapareció sin siquiera reclamar su pago. Sorprendidos al ver que estaba hecha sin ningún tipo de pegamento y sin soporte central, agradecieron a San José.

ORACIÓN DIARIA

San José constructor de amor, de corazones ablandador, fabricas escaleras al cielo, recolectas almas con dorado anzuelo. De pecados absolvedor, cuidas tus hijos con celo avasallador. Llevo en mi pecho el anhelo de arrancar de mis ojos el velo, tomar el elixir purificador, rogando me dispenses este favor. Quiero vivir en paz sin recelo, limpio como recién salido del riachuelo. Esta novena dedico a ti con fervor. Aleja de mí el señuelo hipnotizador, puesto por el maligno como pomelo, quítame el mal con tu escarpelo. Bendito San José del necesitado auxiliador, alabado seas Señor.

5

HAGA SU PETICIÓN

Aquí estoy hincado a tus pies. Con la luz de tus quinqués que no tienen comparación alumbra a este humilde feligrés que viene a hacerte esta petición.

Te ruego con todo mi corazón me concedas... (se hace la petición)

Esto es un asunto de interés te suplico tu atención me des. Concédeme lo que te pido en esta ocasión y con tu divina protección me ayudes, para que seas tú siempre mi salvación.

Padre Nuestro, que estás en el cielo, santificado sea tu nombre; venga a nosotros tu reino; hágase tu voluntad, en la tierra como en el cielo. Danos hoy nuestro pan de cada día; perdona nuestras ofensas, como también nosotros perdonamos a los que nos ofenden; no nos dejes caer en la tentación, y líbranos del mal. Amén.

Dios te salve, María, llena eres de gracia, el Señor es contigo. Bendita tú eres entre todas las mujeres, y bendito es el fruto de tu vientre: Jesús. Santa María, Madre de Dios, ruega por nosotros, pecadores, ahora y en la hora de nuestra muerte. Amén.

Gloria al Padre, al Hijo y al Espíritu Santo. Como era en el principio, ahora y siempre, por los siglos de los siglos. Amén.

PRIMER DÍA

Santísimo padre de Cristo nuestro Señor amado, por todos querido y adorado, clava en mi pecho con tu martillo, puños de amor sencillo. Cuando sea por alguien dañado, sea por mi perdonado. Ajusta mi vida con tornillo y muros fuertes como castillo. Cuando me vea el malvado, se detenga agarrotado. Bajo tu protección dulce Señor, duerma como chiquillo, mirando el cielo a la sombra de un arbolillo y cuando haya por fin alcanzado el sueño tan anhelado, con mi coraza de armadillo, me postraré ante ti como becerrillo. San José bien amado.

Padre Nuestro, que estás en el cielo, santificado sea tu nombre; venga a nosotros tu reino; hágase tu voluntad, en la tierra como en el cielo. Danos hoy nuestro pan de cada día;

8

perdona nuestras ofensas, como también nosotros perdonamos a los que nos ofenden; no nos dejes caer en la tentación, y líbranos del mal. Amén.

Dios te salve, María, llena eres de gracia, el Señor es contigo. Bendita tú eres entre todas las mujeres, y bendito es el fruto de tu vientre: Jesús. Santa María, Madre de Dios, ruega por nosotros, pecadores, ahora y en la hora de nuestra muerte. Amén.

Gloria al Padre, al Hijo y al Espíritu Santo. Como era en el principio, ahora y siempre, por los siglos de los siglos. Amén.

SEGUNDO DÍA

De peldaño en peldaño, subiré sin hacerme daño, porque a tu lado voy seguro, con tu protección ante el extraño, sin resbalar y caer en el engaño. San José bienaventurado aunque el camino sea duro, surcaré el mundo sin apuro, abandonaré la inseguridad de antaño. Voy contento siguiendo tu rebaño, pero si he de merecer regaño, lo aceptaré con arrepentimiento puro. Si apareciera ante mí un gran muro, no permitas que me vuelva huraño y me des valor de derribar el paredaño. Santo Señor venido de la casta de David por ti mi fe yo reaseguro.

Padre Nuestro, que estás en el cielo, santificado sea tu nombre; venga a nosotros tu reino; hágase tu voluntad, en la tierra como en el cielo. Danos hoy nuestro pan de cada día;

10

perdona nuestras ofensas, como también nosotros perdonamos a los que nos ofenden; no nos dejes caer en la tentación, y líbranos del mal. Amén.

Dios te salve, María, llena eres de gracia, el Señor es contigo. Bendita tú eres entre todas las mujeres, y bendito es el fruto de tu vientre: Jesús. Santa María, Madre de Dios, ruega por nosotros, pecadores, ahora y en la hora de nuestra muerte. Amén.

Gloria al Padre, al Hijo y al Espíritu Santo. Como era en el principio, ahora y siempre, por los siglos de los siglos. Amén.

TERCER DÍA

Tú que al Niño Jesús amaste y con esmero lo cuidaste, enséñame a construir escaleras, que lleguen alto para tocar las lumbreras y en mi oscuridad hagan contraste. Alumbra mi paso, para que no se desgaste, cincela los días para que mis mañanas no sean austeras. Con tu obra mi corazón flechaste, triste y dolido estaba, en el momento que me encontraste, me hiciste entrar en razón, para romper las barreras. Estoy alegre y feliz lejos de las bochincheras. San José bendito, a María de amor llenaste y del peligro a tu Hijo guardaste.

Padre Nuestro, que estás en el cielo, santificado sea tu nombre; venga a nosotros tu reino; hágase tu voluntad, en la tierra como en el cielo. Danos hoy nuestro pan de cada día; perdona nuestras ofensas, como también nosotros perdonamos a los que nos ofenden; no nos dejes caer en la tentación, y líbranos del mal. Amén.

Dios te salve, María, llena eres de gracia, el Señor es contigo. Bendita tú eres entre todas las mujeres, y bendito es el fruto de tu vientre: Jesús. Santa María, Madre de Dios, ruega por nosotros, pecadores, ahora y en la hora de nuestra muerte. Amén.

Gloria al Padre, al Hijo y al Espíritu Santo. Como era en el principio, ahora y siempre, por los siglos de los siglos. Amén.

CUARTO DÍA

San José, te dedico esta novena, pues hoy arrastro un dolor que me apena. Aligera de mí esta carga, que cada día pesa más y amarga. ¡Oh! Amado Señor de alma buena, de espíritu blanco como azucena, protégeme con tu amor y tu adarga, para que mi vida sea larga, líbrame de llegar al gehena y bajo tu regazo mi vida sea plena, de mi pecho este problema descarga, la fuerza y el valor recarga. Cada vez que me acerco a ti corre sangre en mi vena y mi corazón se llena de gozo como noche de verbena.

Padre Nuestro, que estás en el cielo, santificado sea tu nombre; venga a nosotros tu reino; hágase tu voluntad, en la tierra como en el cielo. Danos hoy nuestro pan de cada día; perdona nuestras ofensas, como también nosotros

14

perdonamos a los que nos ofenden; no nos dejes caer en la tentación, y líbranos del mal. Amén.

Dios te salve, María, llena eres de gracia, el Señor es contigo. Bendita tú eres entre todas las mujeres, y bendito es el fruto de tu vientre: Jesús. Santa María, Madre de Dios, ruega por nosotros, pecadores, ahora y en la hora de nuestra muerte. Amén.

Gloria al Padre, al Hijo y al Espíritu Santo. Como era en el principio, ahora y siempre, por los siglos de los siglos. Amén.

QUINTO DÍA

¡Oh! Señor del alma mía, esposo de María, préstame tu herramienta y dame tu asesoría, para construir una fortaleza, que me dé seguridad y avance con certeza. Ayúdame a alcanzar logros sin llenarme de altanería, enséñame Señor como a uno más en tu carpintería. Permite que mi corazón sea firme y no actúe con tibieza. Quiero llenarme de verdadera riqueza, de humildad, sencillez y armonía, trabajando con alegría, sin caer en la holgazanería. San José amado en ti encuentro la belleza, caminar a tu lado me llena de grandeza. Tu bendición para mi alma es ambrosía.

Padre Nuestro, que estás en el cielo, santificado sea tu nombre; venga a nosotros tu reino; hágase tu voluntad, en la tierra como en el cielo. Danos hoy nuestro pan de cada día; perdona nuestras ofensas, como también nosotros perdonamos a los que nos ofenden; no nos dejes caer en la tentación, y líbranos del mal. Amén.

Dios te salve, María, llena eres de gracia, el Señor es contigo. Bendita tú eres entre todas las mujeres, y bendito es el fruto de tu vientre: Jesús. Santa María, Madre de Dios, ruega por nosotros, pecadores, ahora y en la hora de nuestra muerte. Amén.

Gloria al Padre, al Hijo y al Espíritu Santo. Como era en el principio, ahora y siempre, por los siglos de los siglos. Amén.

SEXTO DÍA

Escalera de amor construiste Señor, su trayecto acompaña el canto del ruiseñor, cada escalón un año de vida, en donde todo el que alcanza el perdón tiene cabida. San José dador de consejo vivificador, eres mi guía en este momento aturdidor, abre las puertas a mi alma abatida, que en este instante se encuentra adolorida. Por tu Santo hijo Jesús te suplico seas mi protector, quiero actuar con honestidad y pudor. Cuando se presente la rabia sea detenida y la arremetida del malvado sea fallida. Carpintero de almas purificador, de hombres buenos escultor.

Padre Nuestro, que estás en el cielo, santificado sea tu nombre; venga a nosotros tu reino; hágase tu voluntad, en la tierra como en el cielo. Danos hoy nuestro pan de cada día;

perdona nuestras ofensas, como también nosotros perdonamos a los que nos ofenden; no nos dejes caer en la tentación, y líbranos del mal. Amén.

Dios te salve, María, llena eres de gracia, el Señor es contigo. Bendita tú eres entre todas las mujeres, y bendito es el fruto de tu vientre: Jesús. Santa María, Madre de Dios, ruega por nosotros, pecadores, ahora y en la hora de nuestra muerte. Amén.

Gloria al Padre, al Hijo y al Espíritu Santo. Como era en el principio, ahora y siempre, por los siglos de los siglos. Amén.

SÉPTIMO DÍA

San José con amor trataste la madera, para ganarte el pan de vida duradera, muéstrame el camino a seguir y aceptar mi deber sin argüir. Tú que llenas de armonía la atmósfera, cúbreme de paz para mi corazón desoprimir, feliz y tranquilo irme a dormir, con tu compañía en la cabecera, arrullado por la dulzainera. Dame tu mano para juntos combatir, al enemigo por el bien conducir, encontrar la palabra imperecedera, abandonar la mentira cegadora y lastimera sabiendo que a mi llamado has de acudir. Por siempre tu nombre he de bendecir.

Padre Nuestro, que estás en el cielo, santificado sea tu nombre; venga a nosotros tu reino; hágase tu voluntad, en la tierra como en el cielo. Danos hoy nuestro pan de cada día; perdona nuestras ofensas, como también nosotros perdonamos a los que nos ofenden; no nos dejes caer en la tentación, y líbranos del mal. Amén.

Dios te salve, María, llena eres de gracia, el Señor es contigo. Bendita tú eres entre todas las mujeres, y bendito es el fruto de tu vientre: Jesús. Santa María, Madre de Dios, ruega por nosotros, pecadores, ahora y en la hora de nuestra muerte. Amén.

Gloria al Padre, al Hijo y al Espíritu Santo. Como era en el principio, ahora y siempre, por los siglos de los siglos. Amén.

OCTAVO DÍA

Padre, esposo, ejemplo de fidelidad, con fervor te pido protejas mi familia de la adversidad, envuélvenos con tus manos de artesano, como el árbol eche raíces y no vague como gitano. Ejerce con estos tus humildes hijos tu paternidad. Ganar el pan con trabajo y no con dinero profano, alejados de la glotonería y el vino malsano. Padre amoroso alivias la pena con suavidad. Flor de luna, agua clara en santidad, amigo del aldeano, del hermano y el cristiano. Lanzas tus rayos de armonía en esta actividad, dejas que tus rosas florezcan con autenticidad.

Padre Nuestro, que estás en el cielo, santificado sea tu nombre; venga a nosotros tu reino; hágase tu voluntad, en la tierra como en el cielo. Danos hoy nuestro pan de cada día;

22

perdona nuestras ofensas, como también nosotros perdonamos a los que nos ofenden; no nos dejes caer en la tentación, y líbranos del mal. Amén.

Dios te salve, María, llena eres de gracia, el Señor es contigo. Bendita tú eres entre todas las mujeres, y bendito es el fruto de tu vientre: Jesús. Santa María, Madre de Dios, ruega por nosotros, pecadores, ahora y en la hora de nuestra muerte. Amén.

Gloria al Padre, al Hijo y al Espíritu Santo. Como era en el principio, ahora y siempre, por los siglos de los siglos. Amén.

NOVENO DÍA

Una oración por cada escalón, para alcanzar la absolución, un poema dulce para aliviar la amargura, clavo y martillo para enmendar del corazón la fractura. Una novena a ti San José con abnegación, Santo de la familia protector, llenas el espíritu de ricura, nos llevas en paz y sin miedo a la sepultura, sin quedar en el mundo como deudor, alejado del maligno difamador. Miras a tus hijos desde la altura, construyes escaleras de buenaventura. Bendito artesano trabajador, nos das seguridad y calor, alabado seas Carpintero de cordura, de bella y límpida vestidura.

Padre Nuestro, que estás en el cielo, santificado sea tu nombre; venga a nosotros tu reino; hágase tu voluntad, en la tierra como en el cielo. Danos hoy nuestro pan de cada día;

24

perdona nuestras ofensas, como también nosotros perdonamos a los que nos ofenden; no nos dejes caer en la tentación, y líbranos del mal. Amén.

Dios te salve, María, llena eres de gracia, el Señor es contigo. Bendita tú eres entre todas las mujeres, y bendito es el fruto de tu vientre: Jesús. Santa María, Madre de Dios, ruega por nosotros, pecadores, ahora y en la hora de nuestra muerte. Amén.

Gloria al Padre, al Hijo y al Espíritu Santo. Como era en el principio, ahora y siempre, por los siglos de los siglos. Amén.

ORACIÓN FINAL

San José tú que ejerces el amor paternal, saca mi alma de este arenal, no me olvides, ni me niegues tu amparo, en mi vida sé mi luz, sé mi faro, sé mi protección en este mundo efimeral, líbrame de caer al hoyo fantasmal. Llévame por un sendero claro, prometo escuchar el buen consejo sin reparo, esforzarme por no hacer a nadie mal. Enséñame tu palabra virtual. Con humildad y respeto a ti encargo, no dejes caer a mi familia en el desamparo. Alabado sea tu nombre sideral y tu gloria en tierra y cielo sea total.

Padre Nuestro, que estás en el cielo, santificado sea tu nombre; venga a nosotros tu reino; hágase tu voluntad, en la tierra como en el cielo. Danos hoy nuestro pan de cada día; perdona nuestras ofensas, como también nosotros perdonamos a los que nos ofenden; no nos dejes caer en la tentación, y líbranos del mal. Amén.

Dios te salve, María, llena eres de gracia, el Señor es contigo. Bendita tú eres entre todas las mujeres, y bendito es el fruto de tu vientre: Jesús. Santa María, Madre de Dios, ruega por nosotros, pecadores, ahora y en la hora de nuestra muerte. Amén.

Gloria al Padre, al Hijo y al Espíritu Santo. Como era en el principio, ahora y siempre, por los siglos de los siglos. Amén.

Papá Dios: que tu sabiduría nos guíe; que tu luz ilumine nuestro camino; que tu amor nos de paz; que tu poder nos proteja, y que por donde quiera que caminemos, tu presencia nos acompañe. Gracias Papá Dios que ya nos oíste. Amén.